Halle

lieben lernen

Der perfekte Reiseführer für einen unvergesslichen Aufenthalt in Halle inkl. Insider-Tipps und Packliste

Maike Bartels

✈ INHALT

Das erwartet Sie in diesem Buch

Waren Sie schon einmal in Halle an der Saale? Sicherlich ist dieser Name dem ein oder anderen ein Begriff, auch wenn die Schätze dieser Stadt wohl eher unbekannt sind.

Ob Sie das erste Mal in Halle sind oder immer wieder einen Stopp hier einlegen, es lohnt sich, diese Stadt zu erkunden. In diesem Buch werden Sie einige der vielen Möglichkeiten in Bezug auf Unterkünfte, gute Restaurants und Freizeitaktivitäten finden.

Gute und günstige Hotels, leckeres Essen und sehenswerte Restaurants sowie die interessanten Wahrzeichen oder die schönsten Ecken können Sie ohne Probleme entdecken und sie auf Ihre To-Do-Liste für Ihren nächsten Aufenthalt setzen. Sie können mit diesem Reiseführer die Stadt Halle und ihre Einwohner erleben und kennenlernen.

Ob Sie an historischen Ausflügen, Wellness oder am Nachtleben interessiert sind, diese Stadt kann Ihnen all das bieten und Sie können allseits Bekanntes erfahren oder einigen Insider-Tipps folgen. Auch mit einem kleinen Geldbeutel werden sich interessante Möglichkeiten bieten, ganz in diese Stadt und das Leben einzutauchen. Folgen Sie den Empfehlungen oder entdecken Sie die Stadt auf eigene Faust. Nehmen Sie teil am Leben in und mit dieser wunderschönen, großen, grünen und wertvollen Stadt. Entdecken Sie die Geschichte, folgen Sie den Vorlieben der Bewohner und werden Sie ein Teil davon. Welchen Tipps auch immer Sie folgen möchten, was auch immer Sie sehen und erleben möchten, Sie werden fündig werden und Ihr Aufenthalt in Halle an der Saale wird unvergesslich. Lassen Sie sich auf dieses Abenteuer ein, genießen Sie Ihre Reise durch eine unvergessliche Stadt, lernen Sie, sie zu lieben und Sie werden sich wie zu Hause fühlen.

Halle – wer bist du?

ENTSTEHUNG

Gegründet um 806 n. Chr., diente die Region damals der Salzgewinnung durch die reichlich auffindbaren Solquellen. Der Sohn Karls des Großen rückte mit einem fränkischen Heer bis in diese Region vor und erbaute eine Festung "ad locam qui vacatur halla! – einen Ort, der Halle genannt wird. Als nach über einem Jahrhundert diese Festung zerstört wurde, errichtete Heinrich I. die Burg Giebichenstein, der "Halla" und deren Solquellen fortan angehörten. Ende des 11. Jahrhunderts wurde der alte Markt immer mehr zum Zentrum der Stadt und der Salzhandel gewann zunehmend an Bedeutung. Halle trat Ende des 13. Jahrhunderts der Hanse bei und konnte einige Jahre später sogar das Stadtrecht erlangen, indem der Rat die Anerkennung einer städtischen Verfassung durch den Erzbischof von Magdeburg bekam.

Mit Gründung der Universität von Halle 1694 wurde diese zur meistbesuchten Universität Deutschlands und damit zum Zentrum der Aufklärung des Pietismus. Etwa zur gleichen Zeit entstanden die Franckeschen Stiftungen, bestehend aus dem Waisenhaus, den Schulen und den Wirtschaftsbereichen, die zur Finanzierung der Stiftungen notwendig waren.

Am Anfang des 19. Jahrhunderts, nachdem die Truppen von Napoleon die Stadt besetzten, wurde die hallesche Universität mit der Reformations-Universität von Wittenberg zusammengeschlossen.

Industrieller Aufschwung und die günstige Lage ließen Halle zu einem wichtigen Knotenpunkt des Eisenbahnnetzes werden. Die Bevölkerungszahlen stiegen auf über 100.000, Maschinenbau und Braunkohle wurden die Haupteinnahmequellen der Stadt.

Halle wurde 1946 zur Hauptstadt der Provinz

Sachsen-Anhalt, später dann des Bezirks Halle. In dieser Zeit entwickelte sich die chemische Industrie in der Region immer weiter und ist noch heute einer der größten Chemiestandorte der Gegend. 1990 wurde die Gemeinde Halle-Neustadt gegründet und Halle an der Saale zur größten Stadt des Landes Sachsen-Anhalt.

HEUTE

Halle ist eine Stadt mit vielen verschiedenen Facetten, sowohl topographisch als auch menschlich. Um die Stadt heute kennenzulernen, sollte man sie live erleben. Die verschiedenen Stadtviertel haben allesamt ihre Eigenarten, verschiedenste Feste werden hier gefeiert, kulturelle oder sportliche Events gibt es über das ganze Jahr verteilt immer wieder zu sehen und zu erleben. Das jährliche Lichterfest, das Salzfest oder der Weihnachtsmarkt sind einen Besuch in dieser wundervollen Stadt wert.

Treffen Sie auf Ihrem Weg die Bewohner dieser Stadt, werden Sie früher oder später auch ein paar Eigenarten dieser Menschen kennenlernen. Die Sprache ist sehr prägnant, nicht nur eine Mischung aus sächsisch und thüringisch, sondern auch beeinflusst von unzähligen anderen Dialekten, die über die Zeit mit hierhergebracht wurden. Die Stadt lebt von Zu- und Abgängen der Menschen, junge Leute kommen zum Studieren, einige ziehen aufs Land, wieder andere genießen die Großstadt und bleiben ein Leben lang. So ist es nicht ungewöhnlich, dass sich hier eine Sprache entwickelt hat, die man nicht so recht zuordnen kann. Aber herzlich sind die Menschen hier, lachen viel und haben Spaß am Leben. Willkommen ist man auf jeden Fall. Trotz dieser Herzlichkeit herrscht aber auch ein rauer Ton, der Humor ist meist sehr schwarz und was für einige eine Beleidigung darstellt, ist hier auch schon einmal ein Kosewort.

Befindet man sich gerade auf der am stärksten besuchten Einkaufsmeile, dem Boulevard zwischen dem Hauptbahnhof und dem Markt, hat man das Gefühl, dass sich die Menschen aus dem Weg gehen. Aber der Schein trügt, denn dieses Verhalten ist begründet in der Eile oder in der nicht vorhandenen Lust, einmal wieder Rede und Antwort zu stehen, wenn man dort von einem Vertreter einer Versicherung, dessen Pavillon nur fünf Meter entfernt aufgebaut wurde, angesprochen wird.

In den Geschäften und Bars kommt man leicht ins Gespräch und kann sich mit den Einheimischen auch über gute Insider-Tipps unterhalten.

Apropos Bars, wenn Sie sich abends in eine Bar zurückziehen, wird Ihnen nicht entgehen, dass es laut ist. Ja, die Hallenser sind laut, lachen und feiern ausgiebig und trinken auch gern. Spätestens auf dem alljährlichen Weihnachtsmarkt werden Sie dies beobachten können. Geselligkeit ist also eine Angewohnheit, mit der Sie sich in dieser Stadt immer wieder konfrontiert sehen werden. Denken Sie nur einmal an die Fußball-WM, die vielen Public Viewings, die auf die Beine gestellt wurden. Da wird kurzerhand einmal die Terrasse des "Diebels" mit einer großen Leinwand ausgestattet und alles, was der Schuppen an Stühlen noch hergibt, wird davor aufgebaut. Und wenn die Stühle nicht reichen, kann man auch einmal auf dem Boden sitzen, Hauptsache, man ist dabei.

Erreichbarkeit und erste Eindrücke

ERREICHBARKEIT

Mitten in Deutschland, im Süden Sachsen-Anhalts, ist Halle auf verschiedenen Wegen zu erreichen, egal, wie Sie anreisen möchten und egal, woher Sie kommen.

Mit dem Auto können Sie, je nach Himmelsrichtung, über die Autobahnen anreisen. Kommen Sie aus dem Norden, sollten Sie der A9 oder der A14 folgen, die direkt verbunden mit der B100 in die Stadt führen. Auch aus dem Süden sind Sie mit der A9 auf dem richtigen Weg. Oder Sie entscheiden sich für die A38, je nachdem, wo in Halle Sie ankommen möchten. Die Bundesstraßen, denen Sie von den Autobahnen her in die Stadt folgen, treffen sich allesamt inmitten der Stadt.

Natürlich können Sie auch mit der Bahn anreisen, bis zum Hauptbahnhof in Halle können Sie dann entspannt auf Ihrem Platz sitzen und sich die Natur und die Umgebung ansehen. Der Hauptbahnhof ist an das Straßenbahn- und S-Bahn-Netz bestens angeschlossen, sodass Sie nicht länger als fünf Minuten benötigen, um Ihre Bahn in die gewünschte Richtung zu erreichen.

Wollen Sie lieber mit dem Reisebus fahren? Ähnlich wie mit der Bahn liegen auch hier Ihre Vorteile, da Sie mit der Ankunft am Busbahnhof genau dieselben Wege bis zu Ihren nächsten Reisemöglichkeiten haben. Bus- und Hauptbahnhof befinden sich auf dem gleichen Gelände und sind zu Fuß nur etwa 2-3 Gehminuten voneinander entfernt.

Kommen Sie von weiter her, empfiehlt sich auch der Flug als Alternative. Sie landen auf dem Flughafen Halle-Leipzig und können direkt von dort aus mit der Bahn weiterfahren.

Der große Verkehrsknotenpunkt spielt sich vollständig im Gebiet des Hauptbahnhofs ab. Sie haben die Möglichkeit, von dort aus in alle Richtungen zu reisen. Mit dem gut ausgebauten Straßenbahnnetz erreichen Sie jeden Winkel der Stadt, Taxen bringen Sie von hier bis vor die Haustüre oder Sie steigen in einen der vielzähligen Busse ein und erreichen auch die letzten versteckten Ecken Halles. In nur wenigen Minuten können Sie mit der S-Bahn nach Leipzig oder Bitterfeld reisen. Auch für Autofahrer ist hier der Mittelpunkt der Stadt. Der Riebeckplatz ist der größte Kreisverkehr in Halle und verbindet so einen Großteil der Stadtviertel miteinander. Auch haben Sie die Möglichkeit, von hier aus in jede Richtung weiter zu reisen.

Sind Sie Fußgänger und möchten auf die innerstädtischen Verkehrsmittel verzichten, haben Sie gute Chancen, denn die gesamte Stadt ist über kleinere Wanderwege, Brücken und Tunnel gut zu Fuß zu erreichen. Dasselbe gilt auch für die Fahrradfahrer unter Ihnen. Radwege sind in Halle gut ausgebaut und auch wenn Sie teilweise größere Umwege machen müssen, um dem Radweg zu folgen, entgehen Sie so auf jeden Fall dem starken Verkehr.

ERSTE EINDRÜCKE

Sie steigen aus der Bahn aus, folgen den Treppen hinunter in den Hauptbahnhof und sehen links wie rechts den Tunnel, der zu den anderen Bahnsteigen führt. Mittig ist eine große Vorhalle, in der es kleine Verkaufsstellen für Kaffee, Fast Food oder Souvenirs gibt. Die große Glasfront, unterbrochen von Türen, führt Sie nach draußen auf den Bahnhofsvorplatz. Ein oval angelegter Parkplatz, auf dem Sie die Autos kreisen sehen. Ab und zu wird ein Parkplatz frei und genauso schnell wieder besetzt. Die Taxen warten auf Ihre nächsten Fahrgäste, Menschen werden gebracht und abgeholt oder eilen von der Straßenbahn in den Bahnhof hinein. Der ganze Platz scheint in Bewegung zu sein, bis auf ein paar Passanten, die abseits der großen Glastüren ihren Kaffee aus dem Thermobecher trinken und vielleicht eine Zigarette rauchen. Sie nehmen Ihr Gepäck und gehen links um den ovalen Platz herum durch einen Tunnel. Dieser führt Sie mitten unter den Riebeckplatz. Über Ihnen saust der Verkehr vorbei, Autos aus allen Richtungen folgen dem großen Kreisverkehr, wo auch immer ihr Weg sie hinführt. Wenn Sie aus dem Tunnel hervortreten, befinden Sie sich auf einem erst kürzlich umgebauten und modernisierten Platz, umgeben von Kiosken, Einkaufsmöglichkeiten und Straßenbahnhaltestellen. Um den Platz herum erheben sich große Gebäude und wirken noch riesiger, als sie sind. Menschen gehen umher, kommen gerade vom Einkaufen und möchten ihre Bahn nach Hause erwischen oder steigen aus einer dieser aus und sind auf dem Weg zum Einkaufsbummel. Hier und dort sehen Sie Gruppen, die es sich auf den Stufen gemütlich gemacht haben, auf der anderen Seite vielleicht zwei Rentner, die auf der Bank sitzend warten. Sie betrachten den Trubel der Stadt und bemerken, wie der Großstadtflair von Ihnen Besitz ergreift.

Auf dem Weg zur nächsten Straßenbahn bemerken Sie kleine, liebevoll gestaltete Elemente, ein bisschen Natur, umgeben vom Beton. Hier, mitten an diesem Verkehrsknoten, macht die Stadt einen sehr unruhigen Eindruck – viele Gebäude und Straßen, kaum Grünflächen. Doch der Schein trügt, denn nur ein paar hundert Meter weiter finden sich die ersten Parks und Naturschutzgebiete. Mit viel Liebe gestaltete Viertel inmitten der Natur warten darauf, entdeckt zu werden.

Wie man sich bettet, so liegt man

DORMERO HOTEL

Schließen Sie sich den Passanten an, die in Richtung Markt aufbrechen, schlendern Sie entlang des Boulevards und schon bald stehen Sie vor einem der zentral gelegenen Hotels. Mitten in der Leipziger Straße und nicht weit entfernt vom Händel-Haus oder Opernhaus begrüßt Sie das „Dormero" und lädt Sie in ein liebevoll gestaltetes Inneres ein. Mitten in der Fußgängerzone befindet sich das 4 Sterne Hotel. An der Außenwand prangert das große weiße Schild mit der roten Aufschrift, darunter der halbrunde Eingang mit seinen automatischen

Glastüren. Wenn Sie durch den Eingang treten, befinden Sie sich in der wunderschön gestalteten Eingangshalle, wo Sie von freundlichen Mitarbeitern empfangen werden. Das eigene italienische Restaurant ist in Rottönen gehalten und vermittelt ein Gefühl der Behaglichkeit. An kleinen Tischen mit Holzstühlen und auf bequemen Sofas können Sie die Köstlichkeiten des Restaurants genießen.

Auch eine Bar werden Sie hier finden, in der Sie sich abends zurückziehen können. Das große Aquarium und die Ledersofas laden zum Entspannen und Ausruhen ein. Kulinarisch gesehen bietet dieses Hotel seinen Gästen weit mehr als vier Sterne, das Frühstücksbuffet ist bei den Gästen sehr beliebt. Die Zimmer des Hotels sind liebevoll eingerichtet und laden zum Fantasieren ein. Großzügige Betten und Sitzgelegenheiten, Glas- und Holzmöbel dominieren die Räume. Die Badezimmer bestechen durch ihr hübsches Design und lassen den Wohlfühlfaktor nicht zu kurz kommen. Golden umrahmte Spiegel und Glasvitrinen verleihen das Gefühl, ein wenig in der Zeit zurückgereist zu sein.

Doch nicht nur Verpflegung und Übernachtung wird den Gästen geboten. Für den sportlichen Gast stehen Trainingsgeräte zur Verfügung, es werden Joggingstrecken empfohlen und für die verdiente Entspannung danach ist ebenfalls gesorgt. In der Sauna kann man dem Körper noch etwas Gutes tun und sich dann entspannt im Ruheraum zurückziehen. Wenn Sie ein Romantiker sind, empfiehlt es sich, im Hotel das Dinner For Two zu buchen und den Aufenthalt zu einem besonderen Erlebnis werden zu lassen. Das Hotel bietet noch viele Besonderheiten und Events, die darauf warten, erkundet zu werden.

DORINT CHARLOTTENHOF HALLE

Nicht weit entfernt in etwas ruhigerer Lage liegt das „Dorint Charlottenhof Halle". Hier beherrschen Art-Déco-Stil und Jugendstil die Einrichtung des Hauses. Wer es also moderner mag, sollte dieses Hotel in Betracht ziehen. Bei dem täglichen und reichhaltigen Frühstücksbuffet können Sie hier gekräftigt in den Tag starten. Auch hier wird Ihnen kulinarisch einiges geboten. Später am Abend können Sie dann gemütlich im À-la-carte-Restaurant essen und den Tag ausklingen lassen. Das Hotel bietet seinen Gästen einen Shuttleservice in die Umgebung an, sodass Sie sich um Fahrpläne und Abfahrtszeiten oder um die Bestellung eines Taxis keine Sorgen machen müssen und sich voll und ganz auf Ihren Urlaub hier konzentrieren können. Möchten Sie eine Tour durch die Stadt oder in die Umgebung machen oder an einem der zahlreichen Events in dieser Region teilnehmen, können Sie mit der Unterstützung der Hotelangestellten rechnen.

Sie sind für Sie da, wenn es darum geht, die Planung des Tages in Angriff zu nehmen und helfen Ihnen bei dem Erwerb der nötigen Tickets. Kinder werden in diesem Haus gern gesehen, denn sie übernachten bis zu 11 Jahren kostenfrei im Zimmer ihrer Eltern und mit bis zu 16 Jahren für nur 45 €. Auch bei der Verpflegung haben sie hier die Nase vorn, denn sie profitieren von Rabatten bis zu 100 %. Der Wellnessfaktor kommt in diesem Haus nicht zu kurz, da das Hotel über einen eigenen Wellnessbereich verfügt, in dem der Service großgeschrieben wird.

Auch in diesem Haus haben Sie die Möglichkeit, Ihrer sportlichen Leidenschaft nachzugehen und im Fitnessbereich etwas für Ihre Muskeln zu tun. Sie können sich im Wellnessbereich entscheiden, ob Sie sich in der finnischen Sauna zum Schwitzen bringen lassen oder lieber im römischen Dampfbad entspannen. Anschließend sollten Sie es sich in dem Whirlpool gemütlich machen. Von hier aus haben Sie dank der Lage die beste Möglichkeit, zu entspannen, hoch über Halles Dächern auf einer Terrasse.

HOSTEL MEDIZINER-VIERTEL

Es muss natürlich nicht immer ein Hotel sein. Für einige ist es erst richtig Urlaub, wenn man in die Stadt eintauchen kann. Das "Hostel im Mediziner-Viertel" kann Ihnen dieses Gefühl besser vermitteln als ein Hotel. Verschiedene Unterkünfte, verteilt auf mehrere Gebäude, zeichnen dieses Hostel aus. Sehr zentral gelegen mit nur etwa zehn Gehminuten bis zur Altstadt von Halle, können Sie hier ein richtiges Schnäppchen machen. Eine Übernachtung im Studio kostet nur etwa 30 € pro Person. Die Verpflegung bestimmen Sie ganz allein, denn Sie können in der zugehörigen Küche zubereiten, worauf Sie gerade Lust haben. Somit sind Sie auch nicht an Frühstückszeiten oder Ähnliches gebunden und können Ihren Tag starten, wann immer Sie wollen. Die zur

Verfügung stehenden Zimmer sind allesamt im Hostel-Stil eingerichtet und trotzdem sehr unterschiedlich. Vom schweren Doppelbett mit Kopfleiste bis hin zu modernen weißen Rattanbetten finden Sie unterschiedlichste Schlafmöglichkeiten.

Die Wandgestaltung ist ebenso vielfältig, mal ist die halbe Wand in Rot gestrichen, ein anderes Mal finden sich ruhige Grautöne in den Zimmern. Bad und Küche können Sie, je nach Bedürfnis, als Gemeinschaftsraum oder separat mieten. Unterstellmöglichkeiten für Ihr Fahrrad und Parkplätze sind in der Umgebung genügend vorhanden. Es kommt also ganz auf Ihren Geschmack an und darauf, wie Sie die Stadt erleben möchten. Dies ist also einmal eine andere Möglichkeit, Halle und dessen Bewohner kennenzulernen.

KURZ GESAGT

Dies sind nur einige Vorschläge für Ihre Übernachtung in der Stadt, natürlich gibt es noch weitaus mehr. In allen Preisklassen werden Sie fündig werden, je nachdem, welchen Service Sie wünschen und brauchen, um Ihren Aufenthalt in vollen Zügen genießen zu können. Die meisten der Hotels, Hostels und Pensionen befinden sich sehr zentral in der Stadt und damit sind sie gut an das Verkehrsnetz angebunden. In dieser zentralen Lage werden Sie Unterkünfte sowohl im preisintensiven Bereich als auch im unteren Preissegment finden können.

Essen genießen ist eine Kunst

DIEBELS

Frühstück ist die wichtigste Mahlzeit des Tages, sagt man. Warum gehen Sie nicht einfach mal ins „Diebels" zum Frühstück? Dieses Lokal strahlt durch die holzlastige und urische Ausstattung sehr viel Ruhe aus. Der Innenraum ist leicht dunkel gehalten, was den Gast das Großstadt-Treiben direkt vor der Tür vergessen lässt. Jeden Tag der Woche haben Sie die Möglichkeit, Ihr Frühstück vom Buffet zu genießen. Liebevoll arrangierte und abwechslungsreiche Speisen sind hier zu finden. Bestellen Sie sich einen Kaffee und sehen Sie sich während der Wartezeit am Buffet um. Frisches Obst und Gemüse ziehen Ihre Blicke auf sich, Müsli und Joghurt oder das einfache Frühstücksei haben hier ihren Platz. Wenn Sie es etwas deftiger mögen, werden Sie auch nicht enttäuscht, denn Rührei und Würstchen gehören genauso zum Speiseplan wie Marmelade und Orangensaft.

Ein kleines Highlight sind die Mini-Pancakes, denen Sie beim Entstehen zusehen können. Sie können an der Pancake-Maschine durch das durchsichtige Glas genau beobachten, wie aus einem Spritzer rohen Teigs Ihr frisch gebackener Pancake entsteht. Dazu gibt es verschiedene Sorten Sirup oder andere Leckereien. Haben Sie Ihren Teller gefüllt, wartet garantiert auch schon Ihr eben bestellter Kaffee auf Sie. Das freundliche Personal ist immer zugegen und achtet darauf, dass Sie nicht lange warten müssen. Dieses reichhaltige Buffet gibt es ab 8,50 € pro Person und bringt Kraft für den Tag.

Sollten Sie sich erst gegen Abend hierher verirren, bleiben Sie auf jeden Fall hier, denn nicht nur das Frühstück schmeckt hier. Mittags und abends können Sie sich einen leckeren Burger bestellen oder eine der wärmenden Suppen. Und probieren Sie auch gleich die Altbierbowle, die das beliebteste Getränk im halleschen "Diebels" ist. Wenn Sie ein Fußballfan sind, lohnt es sich, hier einmal vorbei zu schauen, das nächste Spiel wird bestimmt übertragen.

KLEINE ULRICHSTRAßE

Wenn Ihnen dieses Flair zu rustikal ist, empfehle ich Ihnen, durch die "kleine Ulrichstraße" zu schlendern. Links und rechts säumen kleine Cafés mit leckerem Kuchen, Bars mit tollen Drinks und Restaurants mit hervorragendem Essen die Straße. Nehmen Sie Platz in einem der kleineren Lokale, besser noch auf dessen Terrasse, und bestellen Sie sich ein ausgiebiges Frühstück, während Sie dem Treiben zuschauen.

Die Frühstücksangebote variieren von Café zu Café, mal ist es ein komplettes Frühstück mit Sonntagsei, Brötchen, Aufschnitt und Marmelade, mal bekommen Sie frisch gepressten Saft oder leckere Smoothies, dann gibt es auch immer wieder Buffet-Angebote. Suchen Sie das Richtige für sich heraus und genießen Sie die tolle Zeit, die Sie hier verbringen können. Beobachten Sie die kleinen Menschengruppen, die noch auf der Suche nach dem perfekten Platz sind, wie sie an Ihnen vorbeiziehen, während Sie Ihren frischen Heidelbeer-Smoothie genießen. Schauen Sie sich die verschiedenen Bars und Cafés in der Nähe an, vielleicht haben Sie für heute Abend ja schon eine Bar entdeckt, die Sie unbedingt besuchen möchten. Auch zur Kaffeezeit ist es hier ideal, um sich eine kurze Auszeit zu gönnen.

Hier und da werden leckere selbstgemachte Kuchen angeboten. Abends können Sie bei einem Drink das Nachtleben der Stadt verfolgen – Menschen, die hier gemeinsam ihren Abend verbringen möchten, einige, die sich auf die Nacht und die anstehende Party vorbereiten, wieder andere, die sich einfach nur treiben lassen und ihrem Alltag entkommen möchten. Egal, zu welcher Tageszeit Sie hier entlanglaufen, Sie werden sicherlich ein schönes Plätzchen für sich finden. Die große Auswahl garantiert, dass für jeden Geschmack etwas dabei ist. Auch oder gerade abends ist die „kleine Ulli", so wird sie von den Bewohnern genannt, überwandert mit Anwohnern und Touristen.

KARTOFFELHAUS

In der Willy-Brandt-Straße werden Sie das „Kartoffelhaus" finden. Rustikales, deutsches Essen zu guten Preisen. Gemütliche Atmosphäre, die einem das Gefühl gibt, etwas länger verharren zu wollen. Und hier bleibt man auch gern etwas länger sitzen und schaut sich die kleinen Ausstellungsstücke im Innenraum an. Zwischen schweren Balken und mit Steinen verzierten Wänden findet man seinen Platz der Ruhe. Warmes Licht und die Holztöne im Inneren tragen dazu bei, die Seele einfach baumeln zu lassen. An der Wand entdecken Sie ein großes Pferdegeschirr oder ein Wagenrad aus Holz.

Sie können sich hier fühlen, als wären Sie in einem rustikalen und ländlichen Gasthof. Die Speisekarte ist üppig und deftig und es gibt weitaus mehr, als der Name verspricht. Nicht nur Gerichte mit Kartoffeln beherrschen den Tisch, sondern auch Überbackenes, Fleisch, Pilze und Spargel können Sie hier finden. Die Preise bewegen sich im mittleren Niveau und bei den Portionsgrößen hat man nicht das Gefühl, zu viel bezahlt zu haben. Das Restaurant selbst liegt sehr zentral in der Nähe des Riebeckplatzes, doch trotzdem sehr ruhig in einer der kleineren

Straßen. Wenn Sie also eine lange Strecke hinter sich haben und so richtig Hunger und Appetit auf deftige Hausmannskost, sind Sie hier genau richtig.

ESPITAS

Soll es etwas feuriger sein? Wie wäre es mit mexikanisch? In der Messestraße in Halle-Bruckdorf werden Sie fündig. Neben dem großen Einkaufspark mit Globus und anderen großen Geschäften befindet sich das "Espitas". Typisch mexikanische Farben – grün wie der Kaktus und gelb wie der Wüstensand – dominieren das Lokal von außen und innen. Schon beim Aufstieg der langen hölzernen Treppen umweht sie ein herrlicher Geruch, der von dem Grill auf der Terrasse ausgeht. Frisch werden dort Hähnchenfleisch oder Spare Ribs zubereitet.

Beim Betreten werden Sie freundlich empfangen und Ihr persönlicher Kellner führt Sie an Ihren Tisch. Sie sitzen an kleinen und großen Tischen in gemütlichen halbrunden Sesseln inmitten dieses schön dekorierten Etablissements. Halbrunde Bögen trennen optisch die einzelnen Sitzbereiche und das Buffet ab, große Eidechsen schlängeln sich gemalt an den Wänden entlang und große Lampions hängen von der Decke herab und verteilen ein angenehmes Licht. Auch hier können Sie, je nach Tag, entscheiden, ob Sie vom Buffet kosten oder doch lieber von der Karte bestellen möchten.

Wenn Sie sich mit mexikanischem Essen nicht sonderlich gut auskennen, sollten Sie zuerst auf das Buffet zurückgreifen, um Ihre Vorlieben herauszufinden. Frische Zutaten und liebevoll zubereitete mexikanische Köstlichkeiten warten am Buffet darauf, probiert zu werden. Frische Salate und feuriges Fleisch sowie Bohnen und Teigwaren können Sie hier probieren. Die Maissuppe in dem kleinen Topf in der Ecke ist das Probieren wert. Sie können sich auch nach Ihrem Wunsch etwas zubereiten lassen oder sich frisch zubereitetes Fleisch vom Grill abholen. Satt werden Sie hier auf jeden Fall.

Auch die Cocktails sind immer wieder ein Highlight, von fruchtig bis herb, mit und ohne Alkohol. Ihr Kellner wird während Ihres Aufenthalts genauestens dafür sorgen, dass Sie sich wohlfühlen und immer genug zu essen und zu trinken auf Ihrem Tisch haben.

NAXOS GRILL

Mögen Sie es ruhig, beschaulich und mit viel Knoblauch? Dann kann ich Ihnen das kleine und noch recht neue griechische Restaurant „Naxos Grill" in der Kastanienallee empfehlen. Abends kann man hier wunderbar draußen im Freien sitzen. Umgeben von viel Grün versteckt sich dieses unscheinbare Restaurant an einem kleinen Fußweg, weit genug entfernt von der Straße, um ungestört den Abend zu genießen.

Dieses Restaurant ist sehr unauffällig und auch bei den Anwohnern noch sehr unbekannt, doch gerade das macht es zu einem kleinen Highlight und Insider-Tipp. Das Gebäude gleicht einer Kuppel, wodurch es sich wunderbar in die Umgebung einfügt. Bewacht von Statuen öffnet sich der Eingang zur Terrasse, auf der man die lauen Sommernächte genießen kann. Nur zwei Schritte weiter und man schreitet durch die Tür in den Innenraum. Kleine Tische zeigen sich in dem runden Raum, gemütliche kleine Sitznischen sind zu sehen.

Ein freundlicher Kellner kommt Ihnen entgegen und begleitet Sie zu Ihrem Tisch. Kleine Laternen an dem Zaun ringsum die Terrasse beleuchten die

Tische. Nachdem Sie bestellt haben, dauert es nicht allzu lange, bis Sie Ihr Essen vor sich haben, man hat aber trotzdem nicht das Gefühl, gehetzt zu werden. Ab und zu kommt einer der Angestellten und fragt nach weiteren Wünschen. Das Essen schmeckt fantastisch und wahrscheinlich ist das erste Glas Wein schon leer. Der Weg, an dem die Terrasse angrenzt, ist wenig besucht und wenn die Sonne erst einmal untergegangen ist, hat man das Gefühl, dass im näheren Umkreis nichts ist außer diesem Restaurant. Für einen turbulenten Tag wäre dieses Lokal die beste Methode, um wieder Ruhe einkehren zu lassen.

BÄCKER AM MARKTPLATZ

Wenn es früh einmal schnell gehen soll, Sie es aber genießen, die Menschen und das Treiben der Stadt zu beobachten, sollten Sie auf dem Marktplatz bei dem kleinen Bäckerstand Halt machen. Hier neben dem Stadthaus befindet sich dieser kleine Bäcker, vor dem ein paar runde Tischchen stehen. Angeboten wird gerade zur Frühstückszeit alles, was das Herz begehrt – frisch belegte Brote mit Tomate und

Mozzarella oder Salami, Pfannkuchen und Spritz-ringe. Sie können sich natürlich auch ein leckeres Stück Kuchen gönnen, dazu einen Kaffee oder eine heiße Schokolade. Setzen Sie sich an einen der Tische und beobachten Sie das Treiben der Stadt. Der Marktplatz ist von Sehenswürdigkeiten umgeben, geradeaus haben Sie zum Beispiel einen Blick auf den Roten Turm von Halle. Während Sie Ihr kleines Frühstück genießen, eilen die Bewohner zur nächsten Bahn oder steigen gerade aus einer aus. Das Händel-Denkmal wird von hunderten Menschen umrundet und bildet den Mittelpunkt dieses Platzes. Günstig können Sie sich hier ein kleines Frühstück leisten und haben alles im Blick.

KURZ GESAGT

In dieser Stadt gibt es an jeder Ecke Restaurants oder Cafés und Bars. Folgen Sie Ihrem Geschmack, fragen Sie Ihre Internet-Suchmaschine und bestimmen Sie dann, wo es zum nächsten Gaumenschmaus hingehen soll. Wenn Sie keine Entscheidung treffen wollen, lassen Sie sich von den Einheimischen überraschen. Meist sind die vollen Restaurants auch geschmacklich die Besten. Schwimmen Sie einfach einmal mit dem Strom und entdecken Sie kleine und große kulinarische Highlights. Italienisch, Chinesisch, mexikanisch oder gutbürgerlich - die Stadt Halle hat einiges in Sachen Essen zu bieten. Ähnlich ist es auch mit Cocktailbars oder den typischen Kneipen. Darüber können Sie im Kapitel „Nachtleben" mehr erfahren.

Einfach die Seele baumeln lassen

SPIELPLÄTZE

In Halle gibt es für jeden etwas zu entdecken. Sind Sie mit den Kindern unterwegs? Lassen Sie sie ruhig vorauslaufen, sicherlich werden sie einen der vielen Spielplätze der Stadt entdecken. Fast jeder Spielplatz scheint hier einzigartig zu sein, überall werden Sie verschiedene Spielgeräte, Parcours und andere Herausforderungen finden. Ein Labyrinth aus dicken Seilen säumt den einen, ein großer Kletterparcours den anderen Spielplatz. Große Schaukeln oder Schaukelkörbe, Sandkästen oder Gebilde, die das Gleichgewicht trainieren, alles ist dabei. Versteckt in allen Ecken der Stadt werden sie fündig. Wenn Sie gerade aus dem Kino kommen, finden Sie ganz in der Nähe einen dieser neu angelegten Spielplätze mitten im Stadtpark. Ein Klettergerüst mit Rutschen bildet das Zentrum, darum aufgebaut einige kleinere Spielgeräte. Teilweise auf steinigem Boden und auf Sand können die Kinder hier toben und spielen. Oder besuchen Sie den baschkirischen Spielplatz auf der Peißnitz.

Die Spiele-Festung ist eine Mischung aus indianischem Zelt und Burgfestung mit Treppen und Brücken, mitten im Grünen. Die meisten Elemente sind aus Holz gearbeitet und passen sich wunderbar der Natur an. Natürlich dürfen die Bänke für die erschöpften Eltern nicht fehlen, von denen aus man die Kinder gut im Blick hat. Wenn Ihr Kind eine kleine Wasserratte ist, wird es sicherlich viel Vergnügen am Wasserspielplatz Heide Süd finden. Viele Fontänen, ein Springbrunnen und diverse Wasserläufe animieren zum Spielen und Planschen.

Hier gibt es für die Kleinen eine Menge zu entdecken. Für die großen und kleinen Piraten dürfte das Schiffswrack auf der Würfelwiese interessant sein. Aus Holz gearbeitet und wie ein einst gesunkenes

Schiff, erhebt sich der Spielplatz aus dem Sand und bietet den furchtlosen Abenteurern wilde Schiffsfahrten auf trockenem Boden. Halle verfügt über weit mehr als zwanzig Spielplätze, sodass Sie es nicht weit bis zum nächsten Abenteuer haben werden, egal, wo Sie gerade sind.

BOOTSVERLEIH UND MEHR

Zurück zu den Wasserratten unter Ihnen. Wie wäre es mit einer Bootsfahrt? Tretboot oder Kanu oder vielleicht lieber treiben lassen auf der Saale? Egal, wofür Sie sich entscheiden, auf dem Wasser macht der Urlaub noch mehr Spaß. In der Woche können Sie bereits ab 10 € pro Stunde ein Tretboot oder ein Kanu mieten, am Wochenende ist es etwas teurer. Setzen Sie sich und erkunden Sie auf eigene Faust die Schönheit des Saaleufers.

Lassen Sie sich von der Sonne bescheinen, während Sie nicht weit vom kühlen Nass sind. Sind Ihnen Treten und Rudern zu anstrengend, können Sie sich auch für ein Motorboot entscheiden. Auch hier gilt ein fairer Preis ab 20 €. Natürlich können Sie das Boot mit einem entsprechenden Nachweis selbst führen oder Sie nehmen an einer der angebotenen Touren teil. Auch für Kanu und Kajak haben Sie die Möglichkeit, einen Transfer zu vereinbaren, wenn Sie sich dazu entscheiden, dem Fluss eine Weile folgen zu wollen. Für die mutigen unter Ihnen steht auch noch die Option des Stand-Up-Paddelns offen. Solange Sie oben aufstehen und paddeln, ist alles gut, doch wehe Sie verlieren das Gleichgewicht – dann landen Sie im kalten Wasser. Dies ist also etwas für richtig eingefleischte Wasserliebhaber.

WANDERWEGE UND PEIßNITZBAHN

Aber auch zu Fuß ist diese Stadt wunderbar zu erkunden. Hier gibt es lange Wanderwege inmitten der Stadt. Folgen Sie doch der Saale und lassen Sie sich überraschen, wo sie Sie hinführt. Genießen Sie schönes Wetter und die Aussichten, die Sie erwarten. Schöne Villen entlang der Ufer, dicht bewaldete Gebiete und offene Flächen, die Sie überschauen können. Wenn es neben Ihnen klingelt und Sie plötzlich vor einer kleinen Schranke stehen, werden Sie gleich die Peißnitzbahn entdecken. Mit dieser können Sie für nur 2 € eine Rundfahrt über die gesamte Peißnitz machen. Die teils offenen Waggons ermöglichen es Ihnen, den Fahrtwind in den Haaren zu spüren. Kontrolliert werden Sie im Übrigen auch, und zwar von freiwilligen Kindern, die als Zugbegleiter mit Ihnen reisen. Sie können an jeder Station der Bahn aussteigen und die Peißnitz erforschen oder von dort aus weiterwandern.

Die Gegend rund um Halle bietet Wanderern viele Möglichkeiten. Vorgegebene Wanderrouten aus dem Internet können Ihnen helfen, den optimalen Schwierigkeitsgrad für Sie zu finden. Eine der einfacheren Routen wäre von der Saline zur Rabeninsel, eine Strecke über etwa 10 km mit vorwiegend festem Untergrund. Geschätzt wird die Dauer auf etwa 3 Stunden. Da auch dies eine bereits erkundete Route ist, haben Sie den Vorteil, dass Sie nicht allzu viel navigieren müssen.

Sie können sich in diesem Fall einfach an den grünen Kreisen orientieren, um auf Ihrer Route zu bleiben. Anfangs machen Sie einen kleinen Rundgang im Salinepark und können dort einen Blick auf den Sophienhafen erhaschen. Weiterhin durchqueren Sie den Landschaftspark Pulverweiden und gelangen dann schließlich zur Rabeninsel. Dort können Sie zum Beispiel seltene Vögel entdecken und beobachten. Zurück geht es dann entlang des noch immer nicht fertiggestellten Saalekanals. Bevor Sie zu einer Wanderung aufbrechen, sollten Sie sich die Routen und Touren genau ansehen und eventuelle Ausstiegsmöglichkeiten in Betracht ziehen. Es kann immer zu unvorhergesehenen Ereignissen kommen.

3D-MINIGOLF

Sollte das Wetter doch einmal nicht mitspielen, dann gibt es in Halle viele Möglichkeiten, auch überdacht Ihre Freizeit zu genießen. Auf dem 3D-Minigolf-Parcour zum Beispiel. 18 liebevoll gestaltete Bahnen in fünf verschiedenen Räumen erwarten Sie hier. Mit Graffiti sind die Wände, Decken und der Fußboden überzogen, sodass Sie in fremde Welten eindringen. Unter Wasser entdecken Sie die unterschiedlichsten Lebewesen und das mithilfe Ihrer Brille in 3D. Das ist auch der Beginn Ihrer Minigolf-Reise.

Die Geräusche um Sie herum werden Sie noch weiter in diese Unterwasserwelt eindringen lassen. Bewundern Sie die kunstvoll gestalteten Tiere an den Wänden. Mit Ihrer 3D-Brille wirken die Bilder noch realistischer und es kommt Ihnen beinahe so vor, als wären Sie tausend Fuß unter dem Meer. Zu sehen gibt es dort eine ganze Menge, auch die Dinosaurier werden um Sie herum beinahe zum Leben erweckt. Große, mächtige Gestalten mitten im Dschungel scheinen sich auf Sie zuzubewegen.

Diese und noch drei weitere fantastische Themen finden Sie in den verschiedenen Räumen, einer schöner und sehenswerter als der andere. Auch die Golfbahnen selbst sind, jede für sich, ein kleines Meisterwerk. Für 7,50 € pro Stunde können Sie hier so viele Bälle schlagen, wie Sie möchten. Sind Sie mit allen Bahnen fertig, entscheiden Sie selbst, ob es eine Revenge gibt oder ob der Sieger schon gekürt werden soll. Anschließend können Sie sich im Lounge-Bereich zurückziehen und sich über das eben Gesehene austauschen, gemütlich bei einem Getränk oder einem kleinen Snack.

Es empfiehlt sich, vorher Erkundungen einzuholen oder besser noch, für die Anzahl aller Mitspieler zu reservieren. Natürlich können Sie auch spontan entscheiden, doch mit einer Reservierung laufen Sie nicht der Gefahr auf, dass sich gegenseitig auf die

Füße getreten wird.

INDOORSPIELPLATZ

Im selben Gebäude, aber auf der anderen Seite, befindet sich auch noch ein Indoorspielplatz, das BWG Erlebnishaus. Dieser 1.800 m² große Indoor-Abenteuerspielplatz bietet alles, was das Kinderherz begehrt. Ein großer Kletterparcours für die größeren Kinder von 6-12 Jahren, bunt gestaltet mit Rutschen und Hindernissen, findet sich hier im Inneren. Ein zum Hineinspringen einladendes Bällebad sorgt für eine Menge Spaß. Es gibt sogar einen Verkehrsgarten, wo die Kinder mit Dreirädern und Rollern umherfahren können und gleichzeitig etwas über die Straßenverkehrsordnung lernen. Irrgarten und Fußballfeld dürfen natürlich auch nicht fehlen.

Und wer gerne Tischtennis spielt, wird hier auch auf seine Kosten kommen. Für die ganz Kleinen, also für die unter 3-Jährigen, gibt es einen eigenen sogenannten Kleinkindbereich. Und ganz wichtig sind natürlich Trampoline und Hüpfburgen für alle, die hoch hinaus wollen. Kinder bezahlen 7 € und die erwachsene Begleitperson 5 €. Zum Abend hin werden die Preise wegen der vorgegebenen Öffnungszeiten gesenkt. Die Begleitpersonen können sich, während die Kinder toben, in die Elternlounge zurückziehen und selbst ein wenig Billard spielen. Sollten Ihre Kinder gerne Skateboard oder Ähnliches fahren, vergessen Sie diese nicht mitzunehmen, denn der kleine angelegte Skatepark möchte natürlich auch genutzt werden. Kleine und große Events, wie Kindergeburtstage, stehen fast täglich auf dem Programm und werden großartig geplant und durchgeführt.

BADESEEN

In Nietleben werden Sie, umgeben von Natur, das Heidebad finden. Mit dem Auto, dem Bus oder der Bahn sind Sie schnell am Ziel. Ein besonderer Hingucker dieses Bades ist nicht etwa der Strand, sondern der Kletterparcours, den Sie zwischendurch erklimmen können. Verpflegt werden Sie hier in kleinen Imbissen oder Cafés mit allem, was im Sommer schmeckt. Der Badespaß wird überwacht von Bademeistern, sodass Sie sich um die Sicherheit weniger Sorgen machen müssen. Mit einem Eintritt von höchstens 2,50 € lohnt es sich, dieses Bad zu besuchen. Und wenn Sie nicht nur baden wollen, nehmen Sie doch am karibischen Abend im Heidebad teil.

Kleiner, ohne Imbissstände und Bademeister, dafür aber umso natürlicher, ist der Steinbruchsee. Ringsum sieht man Kalksteinwände und eine naturbelassene Ortschaft. Wenn Sie es ruhiger und natürlicher lieben, sollte dies die perfekte Anlaufstelle für Sie sein. Anreisen können Sie auch hier mit Bus, Bahn oder Auto. Nahe der Eislebener Chaussee in Halle Neustadt finden Sie dieses schöne Fleckchen für Ihren Badeausflug. Bitte beachten Sie aber, dass Sie hier auf eigene Gefahr baden.

Der wohl bekannteste See in Halle ist der Hufeisensee oder, wie er liebevoll genannt wird, der "Hufi". Der Name lässt schon eine Vermutung über das Aussehen dieses Sees zu, denn er hat tatsächlich die Form eines Hufeisens. Als ehemaliges Tagebauloch ist er heute zu einem der schönsten Seen in Halle geworden. Teilweise in kleinen Einbuchtungen versteckt liegen hier die Zugänge zum Wasser, in denen man ungestört relaxen und den Tag genießen kann. Zudem wird Sport hier großgeschrieben, denn der ansässige Sportverein Wasserskiclub Halle e. V.

hat hier sogar direkt am See seine eigene Gaststätte. Möchten Sie unabhängig des Sportvereins baden, geschieht dies auch hier auf eigene Gefahr.

In Halle können Sie noch viele weitere Seen entdecken, sehen Sie sich einfach ein bisschen um.

MAYA MARE

Draußen ist es zu kalt, um in einen See zu springen? Ein einfaches Hallenbad genügt Ihnen auch nicht? Für Erholung und Spaß sorgt dann das Maya Mare, welches Sie im Süden von Halle finden können. Direkt an einem der Naturschutzgebiete gelegen, ist es mit der Straßenbahn oder mit dem Auto leicht zu erreichen. Die Einrichtung verfügt über 300 Parkplätze, die sie ihren Gästen zur Verfügung stellt. Hier können Sie für 2 € den ganzen Tag lang parken. Das Badeparadies bringt Spaß für die ganze Familie mit insgesamt vier Rutschen, Whirlpools und der wunderschön gestalteten Wasserlandschaft. Für Kleinkinder gibt es eine extra kleine Wasser- und Erlebniswelt. Sie können im Wellenbad jubeln oder sich vom Strom im Strömungsbecken treiben lassen. Die Rutschen können Sie zum Beispiel im Doppelbob

oder im Reifen bezwingen und mit Höchstgeschwin-
digkeiten der Erde entgegenrasen. Auch ein Außen-
becken ist der Wasserlandschaft angeschlossen. Genießen Sie es, im warmen Wasser den kalten Außen-
temperaturen zu trotzen, und machen Sie es sich auf
einer der Sprudelliegen gemütlich. Es gibt verschiedene Kursangebote für Jung und Alt. Kennen Sie einen Meerjungfrauenkurs? Tatsächlich wird in diesem Kurs gelehrt, wie sich eine Meerjungfrau im
Wasser fortbewegt.

Für das leibliche Wohl wird im Restaurant oder
in der Bar gesorgt. Von der allseits beliebten Curry-
wurst bis zu vegetarischen Gerichten, von Kinder-
menüs bis zum Buffet mit großer Auswahl an Süß-
speisen und Getränken finden Sie mit Sicherheit das
Richtige für Ihr Bedürfnis. Gegen einen Eisbecher an
der Bodega-Bar gibt es sicherlich auch nichts einzu-
wenden.

Im Saunaparadies bleibt kein Wunsch unerfüllt.
Die stilvolle Umgebung schafft ein Gefühl der Ruhe
und Erholung. Eine Vielzahl von Liegen bietet Ihnen
die Möglichkeit zur völligen Entspannung nach dem
Saunagang. Von hier aus haben Sie die beste Aus-
sicht auf die schön dekorierten Wände und die im

mexikanischen Stil gestaltete Einrichtung. Nach dem Schwitzen können Sie sich wahlweise unter einer der Erlebnisduschen oder im Tauchbecken abkühlen oder Sie sind mutig genug, dem Eiswürfelbrunnen gegenüber zu treten. Der Saunagarten führt Sie direkt durch das Naturschutzgebiet "Elsteraue" und bietet zahlreiche Möglichkeiten der Erholung und Entspannung. Von der Salzgrotte über die Kräutersauna bis hin zur Aztekensauna haben Sie unendlich viele Möglichkeiten, dieses Saunaparadies zu nutzen. Auch der Außenbereich ist wunderschön gestaltet und lässt Sie im 28 °C warmen Wasser noch weiter entspannen.

Für Fitnessbegeisterte bietet das Viva Mare eine Vielzahl an Kursen an. Meist sind diese mit mehreren Anwendungen verbunden. Sollten Sie also länger bleiben, lohnt sich ein Blick in die Angebote. Natürlich steht Ihnen auch die Möglichkeit der einmaligen Benutzung des Fitnessbereichs offen. Im Maya Mare finden Sie alles unter einem Dach, vom fordernden Training bis zum Relaxen.

SCHOKOLADENMUSEUM

Die Hallorenkugel ist wohl die bekannteste Süßware aus Halle. Immer wieder neue Kreationen kommen auf den Markt und immer wieder überrascht diese Kugel mit ihrem einzigartigen Geschmack. Wollen Sie mehr über die Hallorenkugel erfahren? Dann nehmen Sie an einer Entdeckungsreise im Schokoladenmuseum teil. In diesem Museum lernen Sie viele spannende Fakten über Schokolade und Sie lernen die Hallorenfabrik und ihre Firmentraditionen kennen. Mit Stationen wie Riechwänden oder Kinderpuzzle können Sie der Schokolade auf den Grund gehen. Die Schauwelt Pralineum bietet Ihnen die Möglichkeit, den Chocolatiers bei der Arbeit zuzusehen. Beobachten Sie, wie Pralinen hergestellt werden, oder bekommen Sie Eindrücke von der täglichen Produktion.

In der Schokoladen-Galerie entdecken Sie einzigartige Kunstwerke oder sogar ein ganzes Zimmer aus Schokolade. Die Eintrittspreise liegen bei circa 4 €, wollen Sie an Führungen teilnehmen, wird es etwas teurer. Wenn Sie sich nach dem Rundgang dazu entschließen, Erinnerungsstücke mitzunehmen, auch wenn Sie nicht lange halten, weil man Sie gleich kosten möchte, können Sie im Fabrikverkauf ordentlich zuschlagen. Wer die Schokolade nicht kaufen, sondern selbst machen möchte, sollte unbedingt an einem der vielzähligen Schokoladenseminare teilnehmen. Ob Tafelschokolade, Pralinen oder Hallorenkugeln – Sie können lernen, was richtig gut schmeckt. Die Kurse sind nicht nur mit Informationen gefüllt, sondern auch mit Genuss und Schokolade angereichert. Sie lernen etwas über die Geschichte der Kakao-Herstellung, über das Temperieren und über die Herstellung bestimmter Schokoladenerzeugnisse.

Dass Schokolade Glückshormone erzeugt, wissen wir schon lange, dass man beim Naschen aber auch so viel lernen kann, das bietet Ihnen das Schokoladenmuseum von Halle alles aus einer Hand. Nehmen Sie sich Zeit und studieren Sie diese kleine Sünde genau.

KINO

Nicht nur bei schlechtem Wetter empfiehlt sich der Gang ins Kino – auf einem der gepolsterten Sessel auf die große Leinwand schauen, um sich herum im Dolby-Sound die tollen Effekte eines Films zu erleben und dabei den herrlichen Duft des Popcorns in der Nase zu haben. Ringsherum hört man die Stimmen der Menschen, die sich genauso wie Sie auf den kommenden Film freuen – lautes und leises Gemurmel, Lachen und aufgeregte Stimmen. Das Licht wird abgedunkelt, plötzlich wird es ruhiger. Langsam geht der Vorhang vor der Leinwand auf und die ersten kräftigen Töne beschallen den Raum. Das Popcorn ist natürlich schon halb leer, als der Film endlich beginnt.

Haben Sie nicht auch einmal wieder Lust, sich einen Film auf Großleinwand anzusehen? Gehen Sie dafür in eines der Kinos, die man in Halle finden kann. Nahe am Riebeckplatz ist das größte Kino der Stadt. Das Cinemax lädt seine Gäste für nur knapp 6 € ein, die schönsten und neusten Filme zu schauen. Die Karten können Sie bequem im Internet vorbestellen und an einem der Automaten abholen oder Sie stellen sich an den Schalter und lassen sich von einem der Mitarbeiter beraten. Auswahl haben Sie nicht nur an Filmen, sondern auch, wie Sie diese genießen wollen. 3D ist ein besonderes Erlebnis und macht den Film noch viel realer, sodass Sie voll und ganz hineintauchen und sich auf das Schauspiel einlassen können.

Warum nehmen Sie nicht auch noch auf einem der VIP-Sitze Platz? Ein noch weicherer und breiterer Sessel für Sie, mehr Beinfreiheit und verstellbare Lehnen. Das Besondere an diesen Sitzen ist aber der einmalige Sound, denn Sie sitzen an der Stelle des Saals, an dem Sie die beste Geräuschkulisse haben. Bevor es aber in den Saal geht, besorgen Sie sich noch eine Stärkung. Auf jeder der drei Etagen befindet sich eine Verkaufsstelle mit großer Auswahl an Getränken und Snacks. Während Sie an der Schlange stehen, kann Ihr Nachwuchs die Treppen erklimmen und in der Rutsche durch alle Stockwerke nach unten sausen.

Diese Rutsche wird übrigens nicht nur von Kindern benutzt, manchmal sehen Sie auch einen besonders mutigen Papa seinem Spross hinterher rutschen. Bitte beachten Sie aber, dass diese Rutsche ohne Schuhe zu betreten ist. Haben Sie sich nun mit

Getränken und Snacks eingedeckt, wird es Zeit, sich dem eigentlichen Ziel zu widmen, dem Film. Rechnen Sie für einen Besuch mit drei Personen etwa mit Ausgaben von 50 € für Karten und Speisen.

KURZ GESAGT

Egal, wie Sie Ihre Freizeit in Halle verbringen möchten, ob abenteuerreich oder relaxed, günstig oder etwas teurer, Sie werden nicht enttäuscht werden, denn diese Stadt bietet Ihnen so unglaublich viele Möglichkeiten. In den meisten Restaurants in Halle gibt es auch diese berühmten Werbeecken. An diesen Ständen finden Sie Flyer für anstehende Events oder Hinweise auf die Freizeitgestaltung.

MAIKE BARTELS

Kunst und Kultur erleben

Als eine Hochburg für Kunst und Kultur hat Halle allen Liebhabern der Geschichte, des Theaters und der Kunst eine Menge zu bieten. In vielen verschiedenen Einrichtungen können Sie der Geschichte der Stadt auf die Spur kommen, Vorführungen genießen oder Kunst betrachten.

Halles Museumslandschaft ist groß und vielfältig und bietet allen Geschmäckern und Interessen genügend Raum. Im Landesmuseum für Vorgeschichte können Sie bedeutende archäologische

Sammlungen betrachten, Zeugen von der Steinzeit bis ins römische Kaiserreich werden dort ausgestellt. Sehen Sie sich zum Beispiel die Himmelsscheibe von Nebra an, die dem Museum zu großer Bekanntheit verhalf. Oder besichtigen Sie die Franckeschen Stiftungen im Zentrum der Stadt. In verschiedenen Ausstellungen können Sie sich hier über die Geschichte der Stiftungen informieren.

Die Vielzahl an Museen und Ausstellungen bietet den Touristen eine Möglichkeit, in die Geschichte der Stadt und deren Wahrzeichen einzutauchen. Sie können das Stadtmuseum Christian-Wolff-Haus besichtigen oder etwas über die Anfänge im technischen Halloren- und Salinemuseum erfahren. Das Schokoladenmuseum bietet einen besonderen Genuss, während das Beatles Museum über die weltbekannte Band informiert. Kunstfreunde sollten einen Abstecher in das Kunstmuseum Moritzburg unternehmen.

Dies sind nur einige Möglichkeiten, Kunst und Kultur in Halle zu erleben und zu entdecken. Die Eintrittspreise halten sich dabei alle im unteren Preissegment auf, sodass Sie mit etwa 5-10 € rechnen können.

Doch nicht nur Museen hat die Stadt zu bieten, sondern auch eine Vielzahl an Theatern und Bühnen, die dem Zuschauer ermöglichen, in andere Welten einzutauchen. Vom Puppentheater bis zum Opernhaus ist die Vielfältigkeit der Kunst auf der Bühne breit gefächert. Besuchen Sie das Steintor-Varieté mit den ständig wechselnden Programmen und Events oder lauschen Sie der Staatskapelle Halle – das Orchester der Oper Halle und eines der größten Deutschlands.

Auch die Kunst kommt in Halle nicht zu kurz. In kleineren Galerien können Sie stetig wechselnde Ausstellungen besuchen. Die Kunsthalle "Talstraße" zeigt ganzjährig die bildende Kunst in vielen verschiedenen Facetten. Einen Besuch wert ist auch die Zeitkunstgalerie in der Innenstadt. Hier wird zu Kunstgesprächen und Lesungen geladen sowie die Möglichkeit zum Kunsthandel geboten. Eng mit den regionalen Künstlern arbeitet die Galerie Zaglmeier zusammen und ist ein wichtiger Bestandteil der halleschen Kunstszene.

Zu guter Letzt gibt es auch viele große und kleine Sehenswürdigkeiten in dieser Stadt zu entdecken. Denken Sie dabei an den Roten Turm oder die

Kirche Unser Lieben Frauen auf dem Marktplatz oder an den Eselsbrunnen, den sie auf dem Weg vom Markt zu den franckeschen Stiftungen entdecken können.

Sie sehen also, Halle steckt voller Kultur und Kunst und bietet dem Besucher eine riesige Auswahl an Möglichkeiten rund um Bildung, Geschichte und vielem mehr.

Um das Entdecken nicht gänzlich Ihnen zu überlassen, habe ich nur einige Beispiele aufgeführt und wünsche Ihnen viel Spaß bei Ihrer Entdeckungsreise durch Halle.

Nachtleben

Das Nachtleben in dieser einzigartigen Stadt ist facettenreich und breit gefächert. Mögen Sie es lieber, gemütlich in einer Bar zusammen zu sitzen, oder wollen Sie die Nacht durchtanzen? Soll es möglichst groß sein oder doch lieber ein bisschen familiärer?

SCHORRE

Die verrücktesten und ausgefallensten Partys der Stadt erleben Sie in der Schorre. Seit vielen Jahren hat diese Diskothek Bestand und bietet seinen Gästen als älteste Disco der Stadt immer wieder neue Ideen. Über 1.000 Gäste fasst diese Einrichtung und verteilt sie auf drei Floors. Neben einer gemütlichen Lounge mit Bar können Sie auf den Tanzflächen das Tanzbein schwingen und bis in die Nacht und den kommenden Morgen hinein feiern.

Die Lounge ist ausgestattet mit gemütlichen Sitzecken, in die Sie sich zurückziehen können, um sich eine kurze Auszeit zu gönnen. Die Tanzflächen sind großzügig gestaltet und bieten viel Platz für Bewegung. Lichter toben durch die dunkle Halle im Gleichklang mit dem Bass der Musik, am DJ Pult können Sie Musikwünsche äußern oder Sie können an der Bar sitzen und Bekanntschaften schließen. Sonderveranstaltungen wie die Osterschorre oder die Weihnachtsschorre lassen das Haus aus allen Nähten platzen und versprechen eine unvergessliche Nacht.

Go-Go-Tänzer heizen die Massen an und bringen auch den Letzten dazu, auf die Tanzfläche zu stürmen und im Takt der Musik zu tanzen. An mehreren Bars können Sie sich mit Getränken eindecken, bezahlt wird direkt vor Ort ohne Getränkekarte, um den Überblick nicht zu verlieren. Auch ein Raucherbereich steht Ihnen für eine kleine Tanzpause zur Verfügung. Stürzen Sie sich ins Nachtleben der Stadt und gehen Sie mit dem Sonnenaufgang schlafen.

FLOWER-POWER

Etwas gemütlicher ist das Flower-Power, eine Cocktailbar, in der Sie auch die Möglichkeit haben, auf großen Fernsehern das nächste Fußballspiel zu verfolgen. Diese Bar bietet Ihnen eine Mischung aus gemütlicher Bar und Fancy-Club. Das Zusammenspiel von historischem Kern und modernen Konzepten verleiht dem Flower-Power seine einzigartige Atmosphäre. Als eigentliche Studenten-Bar ist das "Flopo", wie es hier genannt wird, immer gut besucht. Bei guter Musik, leckeren Speisen und Getränken können Sie hier in den Abend starten.

Ob Sie gemütlich zu Abend Essen und dann auf die Piste gehen oder die Nacht hier verbringen, ist ganz Ihnen überlassen. Einen Tipp gebe ich Ihnen noch mit auf den Weg: Gehen Sie hier unbedingt auf die Toilette, Sie werden überrascht sein, was man aus einem solchen Raum machen kann.

WALDKATER

Versteckt in der Natur, umgeben von vielen Bäumen und abgelegen vom Stadtzentrum finden Sie das Aurum oder auch "Waldkater" genannt. Dieser kleine Club hat eine sehr familiäre Atmosphäre und lädt zum Tanzen, Feiern und Kennenlernen ein. Sie erreichen den Club durch einen naturbelassenen Biergarten über einen Kiesweg, der Sie direkt vor die Tür führt. Wenn diese sich öffnet, treten Sie in einen kleinen Vorraum mit Garderobe, für die nur ein Obolus fällig wird. Der Eintrittspreis für diesen Club ist übrigens auch nicht sehr hoch, je nach Veranstaltung.

Nachdem Sie Ihre Sachen abgeben konnten, gelange Sie in einen kleinen Lounge-Bereich, in dem Sitzgruppen mit Bänken, die um runde Tische drapiert sind, auf Sie warten. Die roten Farben verleihen dem Raum Ruhe und Stille, die in völligem Gegensatz zur Tanzfläche im Nebenraum stehen. Dort finden

Sie auch zwei Bars, an denen Sie leckere Cocktails und andere Getränke bekommen können. Bezahlt wird erst beim Verlassen des Clubs, der Betrag errechnet sich dann aus Ihrer Getränkekarte.

Direkt an eine der Bars angeschlossen befindet sich die Tanzfläche. Wie in einem Amphitheater ist diese der Mittelpunkt und somit die tiefste Ebene des Raumes. Ringsum sind das DJ-Pult, eine weitere Lounge und die zweite Bar angeordnet. Wenn Sie hier auf der Tanzfläche stehen, fühlen Sie sich wie der Mittelpunkt des Clubs. Oberhalb, in der Lounge, sind kleine weiße Sofas mit Tischen aufgestellt, an denen Sie sich vom vielen Tanzen ausruhen können. Der Bereich ist durch ein kleines Geländer zur Tanzfläche hin geschützt, um Unfälle zu vermeiden.

Bis tief in die Nacht können Sie hier feiern und lachen. Besondere Veranstaltungen gibt es natürlich auch in diesem Club. So ist zum Beispiel die "Black Celebration", eine Fetisch-Veranstaltung, immer wieder gern gesehen. Wenn sich der Club in tiefes Schwarz färbt und man nackte Haut an allen Ecken sieht, fühlen sich die Fetischbegeisterten in diesem Club am wohlsten.

CLUB NO12

Seit 2017 eine nicht mehr wegzudenkende Location für Nachtschwärmer ist der Club No12. Hier stehen Lifestyle und Service im Vordergrund und genau das strahlt dieser Club auch aus. Bestehend aus einem Loungebereich, Event-Räumen und -Flächen sowie einer Tanzfläche, wird dem Besucher hier einiges geboten.

Das wohl auffälligste Merkmal ist die unverkennbare und spektakuläre Bar. Untermalt vom neonfarbenen Licht und einem großen Kronleuchter erscheint diese Bar einfach riesig auf den Besucher. Meterhohe Regale bilden den Hintergrund der Bar und beinhalten ausgewählte Spirituosen. Die Barkeeper jonglieren mit den Flaschen, als hätten sie nie etwas anderes getan, und servieren den Gästen die besten Drinks.

Der ganze Club ist sehr modern gestaltet und verfügt über unzählige Lichtspiele, die das sehr futuristische Auftreten noch unterstreichen. Stellenweise wird auf das Farbliche verzichtet, wodurch der extravagante Charme in schwarz und weiß erst vollends zur Geltung kommt. Die Kosten sind natürlich etwas gehobener, doch dafür bekommt man eine

Nacht, die man so schnell nicht mehr vergisst.

ALTERNATIVEN

Halle verfügt außerdem über viele kleine Bars in Seitengassen und Nebenstraßen. Für wen der Trubel in den angesagten Clubs also nichts ist, der sollte in eine der kleineren Locations ausweichen.

Vom Irish Pub bis zur Kneipe kommt es ganz auf Ihren Geschmack an, wo sie den Abend verbringen werden. Das Café N-8 zum Beispiel mixt die besten Cocktails und dazu noch sehr große. Oder Sie suchen die "Zwei Zimmer, Küche, Bar" auf, um spät am Abend noch einen kleinen Snack zu genießen. Die Auswahl ist so vielfältig, dass es sich nicht lohnt, nur eine oder zwei dieser Locations hervorzuheben.

Jede hat ihren Charme, jede ihre Stammgäste und jede auch noch ein paar Plätze für Neugierige und Fremde frei. Schauen Sie sich tagsüber schon etwas genauer in den Nebenstraßen um, vielleicht finden Sie bereits Ihr persönliches Highlight für den Abend. Wenn aber Bars, Clubs und Diskotheken nichts für Sie sind, gibt es immer noch die Möglichkeit, an einem der vielen Events teilzunehmen.

Besorgen Sie sich ein Ticket für ein kleines Konzert, genießen Sie eine Show wie den „Zauber der Travestie", gehen Sie ins Kabarett oder besuchen Sie eine der vielen Open-Air-Veranstaltungen. Es wird definitiv nie langweilig in dieser Stadt, weder zur Tages- noch zur Nachtzeit. Halten Sie die Augen und Ohren offen, so können Sie auch manchmal auf einen Geheimtipp stoßen.

Ein Highlight für jede Jahreszeit

SOMMER, SONNE, OPEN AIR

Im Sommer stehen dem Besucher der Stadt Halle alle Möglichkeiten offen. Neben Badeseen, Freibädern und Konzerten gibt es Veranstaltungen, die für den Hallenser einfach ein Muss sind. Darunter zählt das Sommerkino. Unter freiem Himmel und bei sommerlichen Temperaturen genießen Sie das Zusammensein mit anderen Menschen. Hier kommt es weniger auf den Film an, sondern vielmehr auf das Miteinander, die gute Laune und die Fröhlichkeit. An verschiedenen Orten der Stadt werden die Freiluftkinos über die Sommerzeit aufgebaut. Filme wie "die Schöne und das Biest" begeistern nicht nur die Kinder, auch der eine oder andere Erwachsene fiebert in diese Atmosphäre mit. Die Sonne ist längst untergegangen und die Leinwand vor den Menschen ausgebreitet. Hunderte Menschen sitzen auf Stühlen, Tischen oder Decken, unterhalten sich miteinander und trinken gemeinsam.

Popcorn gibt es hier eher seltener, dafür werden die Kinder mit den selbst geschmierten Broten versorgt. Wenn der Film beginnt, wird schlagartig alles ruhig, man fühlt noch den leichten Wind in den Haaren, sieht noch jemanden schnell zu seinem Platz huschen und starrt dann gebannt auf die Leinwand. Mitten im Film, bei einer der spannendsten Szenen, durchfährt ein Raunen die Menge. Alle fiebern mit und man sieht auch hier und da ein Tränchen der Freude über das Happy End. Am Ende der Vorführungen sammeln die Menschen ihren Müll ein und entsorgen ihn, räumen den Platz auf, packen ihre Sachen zusammen und verlassen das Gelände. Ohne die Leinwand würde man nicht vermuten, dass bis eben noch hunderte Menschen einen Zeichentrickfilm mit so viel Hingabe und Gefühl verfolgt haben.

Ein weiteres Highlight des Sommers ist das

jährliche Laternenfest Ende August. Auf der Peißnitz wird jährlich aufgebaut und ausgestellt, was das Zeug hält. Mit über 150.000 Besuchern ist es eines der größten Feste der Stadt. Über das gesamte Areal verteilt finden sich unzählige Attraktionen.

Das Riesenrad bringt Sie weit über die Dächer der Stadt, sodass Sie von hier oben den perfekten Überblick haben. Weiter unten am Boden sitzen Kinder in Karussells und freuen sich über die vielen bunten Lichter und Farben. An Imbissständen gibt es Würstchen oder Pilzpfannen, Süßigkeiten, Zuckerwatte und Riesen-Donuts. Überall verteilt gibt es Getränkewagen oder Cocktailstände. Doch nicht nur ein großer Rummel erwartet Sie, sondern einige Attraktionen mehr. Wie immer können Sie zum Beispiel am Entenrennen teilnehmen.

Dazu werden tausende gelber Plastikenten zu Wasser gelassen, die sich die Besucher vorher kaufen und selbst verschönern können. Den Gewinnern winken Gutscheine, VIP-Karten und andere Gewinne. Es ist ein Schauspiel, zuzusehen, wie so viele kleine Enten sich ihren Weg über die Saale bahnen. Auch werden andere Wettbewerbe veranstaltet, wie das Rudern oder andere sportliche Aktivitäten.

Kennen Sie Bubble-Fußball? Dabei stecken die Spieler in einem riesigen transparenten Ball, aus dem nur die Füße herausschauen, und spielen auf einem kleinen Feld Fußball.

Hier bleibt kein Auge trocken, wenn die ersten zu Boden gehen und nicht allein wieder aufstehen können. Entlang der Saaleufer werden viele verschiedene Mitmachaktionen angeboten, natürlich ist für Groß und Klein alles dabei. Live Acts performen auf den Bühnen und bringen die Menge im Hochsommer noch mehr zum Schwitzen. Der große Abschluss des Festes war bislang ein riesiges und ausgedehntes Feuerwerk. Wegen der Brandgefahr hat sich die Stadt allerdings dazu entschlossen, auf eine Lasershow umzusteigen. Wenn es losgeht, steht die ganze Stadt still und schaut in den Himmel. Autos bleiben mitten auf der Straße stehen, Menschenmassen verharren in ihren derzeitigen Positionen und man hat das Gefühl, das jede Bewegung und jedes Geräusch plötzlich ausgeschaltet ist.

Tausende glänzende Augen verfolgen das Spektakel am Himmel und jubeln zum Ende der Stadt zu. Führt Sie Ihr Weg im Sommer nach Halle, haben Sie hier ein paar Ideen bekommen, um das schöne

Wetter noch mehr zu genießen.

HERBST, HALLOWEEN, KÄLTERE TAGE

Auch im Herbst gibt es viele Möglichkeiten, am spannenden Leben in Halle teilzunehmen. Das Wetter wird langsam kälter, die Tage kürzer und der Wind fängt kräftiger an zu wehen. Wie jedes Jahr stehen im Herbst Veranstaltungen auf der Tagesordnung, wie das Fontäne-Fest, das Salz- und Salinefest oder ganz klassisch Halloween im Bergzoo. Rund um die Fontäne auf der Peißnitz sind kleine Stände aufgebaut, an denen es leckeren Kuchen oder Kaffee zu kaufen gibt. Oder Sie sehen sich an der fahrbaren Bibliothek nach einem neuen Buch um.

Kleine Zelte mit Spielmöglichkeiten für Kinder finden Sie an jeder Ecke. Eine große und eine kleine Bühne bieten Platz für Auftritte, Lesungen und Gespräche. Alles in allem ist dies ein eher kleines und familiäres Fest, bei dem der Genuss und die Gesundheit im Vordergrund stehen. Nehmen Sie am Vormittag gemeinsam mit vielen anderen am Barfuß-Marsch teil. Sie werden vom Peißnitzhaus über verschiedene Untergründe bis zur Ziegelwiese geführt, auf der die Fontäne festlich geschmückt ist. Auf diesem Marsch lernen Sie Ihren Körper besser kennen und können die verschiedenen Untergründe mit Ihren Füßen ertasten. Am Ziel angekommen, gönnen Sie sich ein leckeres Stück Kuchen und beobachten das Treiben auf den Bühnen.

Um an die Traditionen zu erinnern, wird seit 1995 das jährliche Salzfest veranstaltet. Das traditionelle Fahnenschwenken der Halloren läutet das Fest praktisch ein. Die Halloren-Brüderschaft strahlt Selbstbewusstsein und Identifikation mit der Stadt aus, während sie mit Stolz durch Halles Straßen ziehen. Ausschließlich aus privater Hand finanziert, freuen sich die Veranstalter über die hohe Besucherzahl und vor allem über die zahlreichen Touristen, die etwa ein Drittel der Besucher ausmachen. Für Unterhaltung sorgen während des gesamten Wochenendes verschiedene Livebands. Der gesamte Marktplatz und dessen Umgebung ist Mittelpunkt dieses Festes. Auch für Kinder wird viel geboten, die Fahrgeschäfte stehen bei den Kleinen aber wahrscheinlich an erster Stelle.

Zur schaurig schönen Halloween-Zeit öffnet der

Bergzoo seine Pforten für ganz Unerschrockene. Der Zoo umfasst circa 5 Hektar Fläche, die allesamt in ein großes Gruselkabinett verwandelt werden.

Zombies und Hexen treiben mit Einbruch der Dunkelheit ihr Unwesen und erschrecken die Besucher. Klagelaute wehen durch den gesamten Zoo, Geister gewähren Ihnen Eintritt und überall flackern schaurige Lichter. Das Katzenhaus, einstmals Zuhause von Löwen, Tigern und Co., verwandelt sich in dieser Zeit in eine große Monster-Halle. Mutproben stehen ebenfalls auf dem Programm und können von allen bestanden werden, denen Süßigkeiten lieber sind, als die Angst gewinnen zu lassen. Gegen 20 Uhr gibt es eine Feuershow zum krönenden Abschluss des Abends. Übrigens steht am 30. Oktober das größte Halloween-Event Mitteldeutschlands in dem Zoo auf dem Plan.

Sind die Temperaturen also leider in der Abwärtsspirale, heizen Ihnen dafür die vielfältigen Feste und Veranstaltungen in dieser Jahreszeit richtig ein.

WINTER, WEIHNACHTEN, GLÜHWEIN

Eisig kalt weht der Wind in Ihr Gesicht, die Hände sind kalt und der Schnee knirscht unter den Schuhen. Die Umgebung sieht aus wie gepudert und strahlt eine winterliche Romantik aus. Mitten aus der Peißnitz können Sie weit in die Winterlandschaft blicken, die Saale entlang schlendern und der Kälte trotzen.

An den Ufern ist das Wasser bereits gefroren und der Sand ist unter der Schneedecke nicht mehr zu sehen. Sie entdecken Kinder, die gerade einen Schneemann bauen und erinnern sich an Ihre Kindheit. Für den wärmenden Glühwein sollten Sie aber unbedingt auf dem Weihnachtsmarkt vorbeischauen. Jedes Jahr wird der Markt in ein Winterwunderland verwandelt. Der meterhohe Weihnachtsbaum überragt den gesamten Markt, unter ihm stehen die Imbisse, an denen es die typischen Weihnachtsmarkt-Leckereien gibt.

Es duftet nach herzhaften Gerichten, süßen Speisen und Glühwein. Kleine Fahrgeschäfte bringen die Jüngsten zum Jubeln und Klatschen, der Weihnachtsmann hat sich auch schon längst unter die

Besucher geschlichen und verteilt Süßigkeiten. An einem Tisch stehen Sie mit Ihren Liebsten zusammen und genießen das Gefühl, wie das heiße Getränk Sie von innen wärmt. Um Ihren Freunden ein kleines Souvenir mitzubringen, brauchen Sie nur ein paar Schritte laufen und finden Stände mit selbstgeschnitzten, duftenden Räucherstäbchen oder anderen Kleinigkeiten.

Falls der Winter und die Temperaturen so gar nichts für Sie sind, sollten Sie sich nach drinnen flüchten. Machen Sie eine Museumstour durch die Stadt. Erkunden Sie die beliebtesten Ausstellungen und lernen Sie die Stadt so noch besser kennen. Besuchen Sie Sonderausstellungen zu verschiedenen Themen oder nehmen Sie an Führungen durch die Wahrzeichen der Stadt teil. Vielleicht entscheiden Sie sich aber auch für einen entspannenden Aufenthalt in einem der Hallenbäder – warme Luft und angenehmes Wasser auf der Haut spüren, während draußen die Temperaturen immer weiter fallen. Genießen Sie Massagen oder Saunagänge, um Ihren Körper mitten im Winter richtig durchzuwärmen.

Für Action und Spaß hat Halle natürlich auch im Winter allerlei Möglichkeiten zu bieten, ohne, dass

Sie frieren müssen. Indoorspielplätze oder andere Aktivitäten, die Sie unabhängig vom Wetter in Gebäuden ausüben können, wären jetzt die richtige Wahl, für alle, die leicht frieren.

FRÜHLING, FESTSPIELE, LANGE TAGE

Die Welt erwacht zu neuem Leben, erste Frühjahrsblüher kämpfen sich durch die Erde, die Farben werden satter, die Welt grüner und die Tage länger. Es ist Zeit, wieder rauszugehen. Abends gemeinsam mit Freunden im Biergarten sitzen und die milderen Temperaturen genießen, ist gerade in dieser Jahreszeit, wenn die Welt aufatmet, besonders schön. Auf den Grünflächen kann man die ersten mutigen Sonnenbadenden beobachten, Kleidung wird in allen Variationen präsentiert, von kurzer Hose bis zum dicken Schal ist alles dabei.

Der Ostermarkt und der Frühlingsmarkt erwecken auch den großen Marktplatz in Halle zum Leben. Zahlreiche Stände, Händler und viel Programm versprechen gute Laune und Spaß. Während sich auf dem Ostermarkt natürlich alles um die bunten Eier und den Osterhasen dreht, was gerade für Kinder sehr spannend ist, ist der Frühlingsmarkt überfüllt mit Blumenpracht, Naturprodukten und zahlreicher Gartendekoration.

Ein besonderes Highlight im Frühling sind die Händel-Festspiele. Diese Tage Ende Mai sind voll und ganz dem Leben und Werken des bekanntesten Hallensers gewidmet. Viele verschiedene Veranstaltungsorte gibt es zu sehen und zu besuchen. Das Händel-Haus darf dabei natürlich nicht fehlen. Hier finden Sie eine faszinierende Ausstellung zur Hauptperson der Festspiele auf zwei Stockwerken präsentiert. Der Dom zu Halle und die Oper Halle sind auch auf dem Programm und auch die Konzerthalle Ulrichskirche. Die Orte erinnern an das Wirken Georg Friedrich Händels und sind gespickt mit Informationen und klangvollen Erlebnissen. Für das musikalische Vergnügen sorgen verschiedene Stars oder Kapellen und Orchester, die so den Sohn der Stadt Halle gebührend feiern.

Seien Sie mit dabei, wenn die Welt und die Stadt wieder zum Leben erwachen, wenn die Menschen wieder in die Sonne treten und wenn die ersten Feste und Veranstaltungen wieder auf dem Plan

stehen und gute Laune durch die Massen ziehen lassen.

Auf bald in Halle

Eine solch vielfältige Stadt von allen Seiten zu beleuchten, ist eine Aufgabe, die einfach nicht gelingen kann. Die Stadt steht für eine lange Geschichte, für wichtige Bewohner der Stadt und für Ereignisse, die sie zu der Stadt gemacht haben, die sie jetzt ist. Genauso sind Ereignisse und Veranstaltungen in der Gegenwart ein Grund für Halles Berühmtheit. Über das Jahr verteilt lädt Halle immer wieder Gäste in die Stadt ein und bleibt so in den Köpfen der Menschen. Als Tourist haben sie viel zu entdecken, von einer kleinen Bar bis zum größten Spektakel des Jahres. Als Bewohner werden Sie einfach nicht fertig damit. Diese Stadt sprüht vor Leben und Geschichte und ist es einfach wert, erkundet zu werden. In diesem Text wurden Ihnen einige Tipps und Anregungen aufgezeigt, wie Sie einen Aufenthalt hier gestalten können, doch seien Sie gewiss, dass das Potenzial der Stadt noch lange nicht ausgeschöpft ist. Ganz gleich, welche Voraussetzungen Sie an eine Städtetour stellen, Halle wird sie erfüllen können.

Nutzen Sie die unendlich vielen Möglichkeiten, die diese Stadt bietet, und fühlen Sie sich wohl. Genießen Sie Ihren Aufenthalt und tauchen Sie in Sachsen-Anhalts schönste Stadt ein. Vielleicht geht Ihr nächster Trip ja bald nach Halle.

Packliste

Geld & Finanzen

O (evtl.) Auslandswährung
O Bargeld
O Bauchtasche
O Brustbeutel
O Bauchtasche
O EC-Karte
O Kreditkarte
O Notfall-Telefonnummern der Banken
O Portmonee

Hygiene

O Haarbürste / Kamm
O Deo (klein)
O Shampoo
O Kulturtasche
O Sonnencreme
O Taschentücher

O Reise-Zahnbürste und Zahnpasta

O Verhütungsmittel

Kleidung

O Badeklamotten

O Gürtel

O Hosen kurz / lang

O Mütze / Cap / Hut

O Pullover

O Regenjacke

O Schlafanzug

O Socken

O Sonnenbrille

O Sportklamotten / Jogginghose

O T-Shirts

O Unterwäsche

Medikamente

O Blasenpflaster

O Anti-Durchfalltabletten

O Erste-Hilfe-Set

O Fiebertabletten

O Fiebertabletten

O Mückenschutz

O sonstige Medikamente

O Pflaster

O Kopfschmerztabletten

Unterlagen & Papiere

O ADAC Unterlagen

O Adresslisten für Postkarten

O Krankversicherungsnachweis

O Stadtplan

O Führerschein

O Unterlagen für die Unterkunft

O Wasserdichte Hülle für Reiseunterlagen

O Impfausweis

O Mietwagenunterlagen

O Personalausweis

O Reisepass

O Reisetagebuch

O evtl. Studentenausweis

O evtl. Visum
O Zug- / Bahn- / Flugticket

Taschen & Rucksäcke

O Koffer / Trolley / Reisetasche
O Regenhülle für Rucksack
O Rucksack

Schuhe

O Badeschlappen / Hausschuhe
O Schuhe und Wechselschuhe

Sonstiges

O Brille / Kontaktlinsen und Etui
O Buch zum Lesen
O Ohrenstöpsel und Schlafmaske
O Regenschirm
O Reisedecke
O Wasserflasche
O Wörterbuch

Elektronik

O Digitalkamera
O Handy
O Ladekabel
O Kopfhörer
O evtl. Steckdosenadapter
O Power-Bank

Herstellung und Verlag:

BoD – Books on Demand, Norderstedt

ISBN: 9783750469341

1. Auflage

Kontakt: Psiana eCom UG/ Berumer Str. 44/ 26844 Jemgum

Covergestaltung: Fenna Larsson

Coverfoto: depositphotos.com